THE BEA...
Play-Along Chord... ...gbook

CW00458394

Published by
Wise Publications
14/15 Berners Street, London, WIT 3LJ, UK.

Exclusive Distributors:
Music Sales Limited
Distribution Centre, Newmarket Road,
Bury St Edmunds, Suffolk, IP33 3YB, UK.
Music Sales Pty Limited
20 Resolution Drive, Caringbah, NSW 2229, Australia.

Order No. NO91069
ISBN 1-84449-705-4
This book © Copyright 2005 by Wise Publications.

Compiled by Nick Crispin.
CD recorded, mixed and mastered by Jonas Persson & John Rose.
Guitars by Arthur Dick.
Bass by Paul Townsend.
Drums by Brett Morgan.

Cover photograph courtesy of Tom Hanley/Redferns.

Printed in the United Kingdom by Caligraving Limited, Thetford, Norfolk.

Your Guarantee of Quality
As publishers, we strive to produce every book to the highest commercial standards.
This book has been carefully designed to minimise awkward page turns and to
make playing from it a real pleasure.
Particular care has been given to specifying acid-free, neutral-sized paper made from pulps
which have not been elemental chlorine bleached. This pulp is from farmed sustainable forests and
was produced with special regard for the environment.
Throughout, the printing and binding have been planned to ensure a sturdy, attractive
publication which should give years of enjoyment. If your copy fails to meet our high standards,
please inform us and we will gladly replace it.

www.musicsales.com

WISE PUBLICATIONS
part of The Music Sales Group
London/New York/Paris/Sydney/Copenhagen/Berlin/Madrid/Tokyo

Relative Tuning

The guitar can be tuned with the aid of pitch pipes or dedicated electronic guitar tuners which are available through your local music dealer. If you do not have a tuning device, you can use relative tuning. Estimate the pitch of the 6th string as near as possible to E or at least a comfortable pitch (not too high, as you might break other strings in tuning up). Then, while checking the various positions on the diagram, place a finger from your left hand on the:

5th fret of the E or 6th string and **tune the open A** (or 5th string) to the note (A)

5th fret of the A or 5th string and **tune the open D** (or 4th string) to the note (D)

5th fret of the D or 4th string and **tune the open G** (or 3rd string) to the note (G)

4th fret of the G or 3rd string and **tune the open B** (or 2nd string) to the note (B)

5th fret of the B or 2nd string and **tune the open E** (or 1st string) to the note (E)

E or 6th	A or 5th	D or 4th	G or 3rd	B or 2nd	E or 1st

Head

Nut

1st Fret

2nd Fret

3rd Fret

4th Fret

(B)

5th Fret

(A) (D) (G) (E)

Reading Chord Boxes

Chord boxes are diagrams of the guitar neck viewed head upwards, face on as illustrated. The top horizontal line is the nut, unless a higher fret number is indicated, the others are the frets.

The vertical lines are the strings, starting from E (or 6th) on the left to E (or 1st) on the right.

The black dots indicate where to place your fingers.

Strings marked with an O are played open, not fretted. Strings marked with an X should not be played.

The curved bracket indicates a 'barre' - hold down the strings under the bracket with your first finger, using your other fingers to fret the remaining notes.

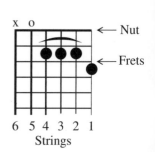

X O

← Nut

← Frets

6 5 4 3 2 1
Strings

Please Please Me

Words & Music by
John Lennon & Paul McCartney

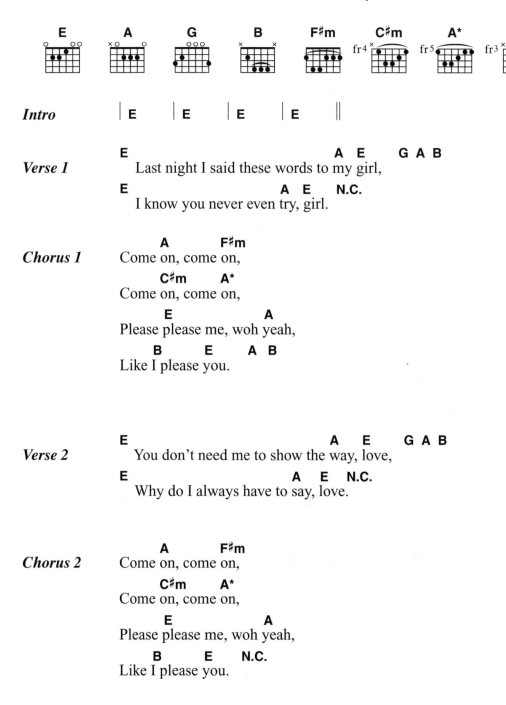

Intro | E | E | E | E ‖

Verse 1

E   A   E   G A B
Last night I said these words to my girl,

E   A   E   N.C.
I know you never even try, girl.

Chorus 1

      A   F♯m
Come on, come on,

     C♯m   A*
Come on, come on,

     E   A
Please please me, woh yeah,

    B   E   A B
Like I please you.

Verse 2

E   A   E   G A B
You don't need me to show the way, love,

E   A   E   N.C.
Why do I always have to say, love.

Chorus 2

      A   F♯m
Come on, come on,

     C♯m   A*
Come on, come on,

     E   A
Please please me, woh yeah,

    B   E   N.C.
Like I please you.

Bridge

A
I don't want to sound complaining,

B   E
But you know there's always rain in my heart.

A
I do all the pleasing with you,

B   E
It's so hard to reason with you,

      A   B   E   A B
Oh yeah, why do you make me blue?

Verse 3

E   A E   G A B
   Last night I said these words to my girl,

E   A E
   I know you never even try, girl.

Chorus 3

      A   F♯m
Come on, come on,

      C♯m   A*
Come on, come on,

     E   A
Please please me, woh yeah,

      B
Like I please you.

E   A
Please please me, woh yeah,
(you.)

      B
Like I please you,

E   A
Please please me, woh yeah,
(you.)

      B   E   G C B E
Like I please you. _____

I Saw Her Standing There

Words & Music by
John Lennon & Paul McCartney

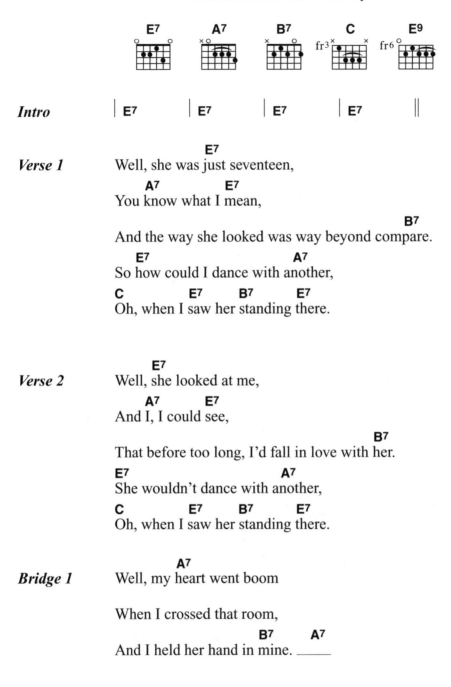

Intro | E⁷ | E⁷ | E⁷ | E⁷ ||

Verse 1

E⁷
Well, she was just seventeen,

A⁷   E⁷
You know what I mean,

                                    B⁷
And the way she looked was way beyond compare.

  E⁷   A⁷
So how could I dance with another,

C   E⁷   B⁷   E⁷
Oh, when I saw her standing there.

Verse 2

     E⁷
Well, she looked at me,

   A⁷   E⁷
And I, I could see,

                              B⁷
That before too long, I'd fall in love with her.

E⁷   A⁷
She wouldn't dance with another,

C   E⁷   B⁷   E⁷
Oh, when I saw her standing there.

Bridge 1

     A⁷
Well, my heart went boom

When I crossed that room,

                B⁷   A⁷
And I held her hand in mine. _____

Verse 3

         E7
Well, we danced through the night,
      A7   E7
And we held each other tight,
                                      B7
And before too long I fell in love with her.
    E7   A7
Now I'll never dance with another,
C   E7   B7   E7
Oh, when I saw her standing there.

Solo

| E7 | E7 | E7 | E7 | E7 | E7 |

| B7 | B7 | E7 | E7 | A7 | A7 |

| E7 | B7 | E7 | E7 ||

Bridge 2

        A7
Well, my heart went boom

When I crossed that room,
                        B7   A7
And I held her hand in mine. _____

Verse 4

         E7
Oh, we danced through the night,
      A7   E7
And we held each other tight,
                                     B7
And before too long I fell in love with her.
    E7   A7
Now I'll never dance with another,
C   E7   B7   E7
Oh, since I saw her standing there,
                  B7   E7
Oh, since I saw her standing there,
                           B7   A7   E7 E9
Yeah, well since I saw her standing there.

Twist And Shout

Words & Music by
Bert Russell & Phil Medley

D   **G**   **A**

Intro | D   G | A | D   G | A ||

Chorus 1
                     D   **G**   **A**
Well, shake it up, baby now, (shake it up, baby,)
     D   **G**   **A**
Twist and shout, (twist and shout.)
                   D   **G**   **A**
C'mon, c'mon, c'mon, c'mon baby now, (come on baby,)
              D **G**   **A**
Come on and work it on out, (work it on out.)

Verse 1
          D **G**   **A**
Well, work it on out, (work it on out,)
          D   **G** **A**
You know you look so good, (look so good.)
          D   **G** **A**
You know you got me goin' now, (got me goin',)
          D   **G**   **A**
Just like I knew you would, (like I knew you would.)

Chorus 2   As Chorus 1

Verse 2
                D **G**   **A**
You know you twist it, little girl, (twist little girl,)
          D **G**   **A**
You know you twist so fine, (twist so fine.)
              D   **G**   **A**
Come on and twist a little closer now, (twist a little closer,)
              D   **G**   **A**
And let me know that you're mine, (let me know you're mine, ooh.)

8

Middle | D   G | A   G | D   G | A   G |

| D   G | A   G | D   G | A |

A
Ah, ah, ah, ah.

Chorus 3
                D   **G**   **A**
Well, shake it up, baby now, (shake it up, baby,)
           D   **G**   **A**
Twist and shout, (twist and shout.)
                         D   **G**   **A**
C'mon, c'mon, c'mon, c'mon baby now, (come on baby,)
                      D **G**   **A**
Come on and work it on out, (work it on out.)

Verse 3
                         D **G**   **A**
You know you twist it, little girl, (twist little girl,)
                D   **G**   **A**
You know you twist so fine, (twist so fine.)
                      D   **G**   **A**
Come on and twist a little closer now, (twist a little closer,)
                        D   **G**   **A**
And let me know that you're mine, (let me know you're mine, ooh.)

Outro
                      D   **G**   **A**
Well, shake it, shake it, shake it baby now, (shake it up baby,)
                      D   **G**   **A**
Well, shake it, shake it, shake it baby now, (shake it up baby,)
                      D   **G**   **A**
Well, shake it, shake it, shake it baby now, (shake it up baby,)
A   **D**
Ah, ah, ah, ah.

From Me To You

Words & Music by
John Lennon & Paul McCartney

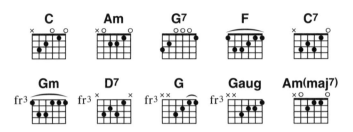

Intro

      C   **Am**
Da da da da-da dum dum da,

      C   **Am**
Da da da da-da dum dum da.

Verse 1

          C   **Am**
If there's anything that you want,

          C   **G7**
If there's anything I can do,

      F   **Am**
Just call on me and I'll send it along,

       C   **G7**   **C**   **Am**
With love from me to you.

Verse 2

          C   **Am**
I've got everything that you want,

          C   **G7**
Like a heart that's oh so true,

      F   **Am**
Just call on me and I'll send it along,

       C   **G7**   **C**   **C7**
With love from me to you.

Bridge 1

      Gm   **C**
I got arms that long to hold you,

      F
And keep you by my side,

      D7
I got lips that long to kiss you,

      G   **Gaug**
And keep you satisfied.

Verse 3

          C   **Am**
If there's anything that you want,

          C   **G7**
If there's anything I can do,

    F   **Am**
Just call on me and I'll send it along,

      C   **G7** **C**   **Am**
With love from me to you.

Solo

| **C** | **Am** From me.

| **C** | **G7** To you.

   F   **Am**
Just call on me and I'll send it along,

      C   **G7** **C**   **C7**
With love from me to you.

Bridge 2

    Gm   **C**
I got arms that long to hold you,

    F
And keep you by my side,

     D7
I got lips that long to kiss you,

   G   **Gaug**
And keep you satisfied.

Verse 4

          C   **Am**
If there's anything that you want,

          C   **G7**
If there's anything I can do,

    F   **Am**
Just call on me and I'll send it along,

      C   **G7** **C**
With love from me to you.

   Am
To you,

   Am(maj7)
To you,

   C   **Am**
To you.

She Loves You

Words & Music by
John Lennon & Paul McCartney

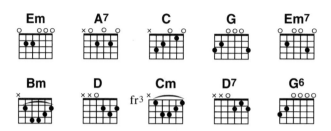

Intro

      Em
She loves you, yeah, yeah, yeah,

      A⁷
She loves you, yeah, yeah, yeah,

   C   **G**
She loves you, yeah, yeah, yeah, yeah.

Verse 1

    (G)   **Em⁷**
You think you lost your love,

     Bm   **D**
Well I saw her yesterday-yi-yay.

    G   **Em⁷**
It's you she's thinking of,

     Bm   **D**
And she told me what to say-yi-yay.

         G   **Em**
She says she loves you, and you know that can't be bad,

     Cm   **D**
Yes, she loves you, and you know you should be glad.

Verse 2

    G   **Em⁷**
She said you hurt her so,

  Bm   **D**
She almost lost her mind.

   G   **Em⁷**
But now she says she knows,

    Bm   **D**
You're not the hurting kind.

         G   **Em**
She says she loves you, and you know that can't be bad,

     Cm   **D**
Yes, she loves you, and you know you should be glad. Ooh.

Chorus 1

      Em
She loves you, yeah, yeah, yeah,

      A⁷
She loves you, yeah, yeah, yeah.

      Cm   **N.C.**
With a love like that,

     D⁷   **G**
You know you should be glad.

Verse 3

     G   **Em⁷**
You know it's up to you,

   Bm   **D**
I think it's only fair.

G   **Em⁷**
Pride can hurt you too,

   Bm   **D**
Apologise to her.

         G   **Em**
Because she loves you, and you know that can't be bad,

       Cm   **D**
Yes, she loves you, and you know you should be glad.   Ooh.

Chorus 2

      Em
She loves you, yeah, yeah, yeah,

      A⁷
She loves you, yeah, yeah, yeah.

      Cm   **N.C.**
With a love like that,

     D⁷   **G**   **Em**
You know you should be glad.

      Cm   **N.C.**
With a love like that,

     D   **G**   **Em**
You know you should be glad.

      Cm   **N.C.**
With a love like that,

     D⁷   **G**
You know you should be glad.

Em
   Yeah, yeah, yeah,

C   **G⁶**
Yeah, yeah, yeah, yeah.

It Won't Be Long

Words & Music by
John Lennon & Paul McCartney

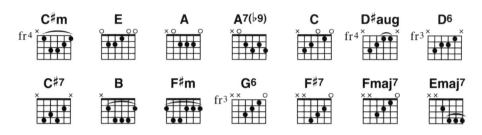

Chorus 1

      C♯m
It won't be long, yeah, yeah, yeah,
      E
It won't be long, yeah, yeah, yeah,
      C♯m
It won't be long, yeah,
   A **A7(♭9)** **E**
Till I belong to you.

Verse 1

  (E)   **C**   **E**
 Every night when everybody has fun,
    C   **E**
Here am I sitting all on my own.

Chorus 2   As Chorus 1

Bridge 1

      E **D♯aug**
Since you left me I'm so alone,
      D6   **C♯7**
Now you're coming, you're coming on home,
A   **B**
I'll be good like I know I should,
      F♯m   **B**
You're coming home, you're coming home.

Verse 2

  E   **C**   **E**
 Every night the tears come down from my eyes,
    C   **E**
Every day I've done nothing but cry.

Chorus 3

             C♯m
It won't be long, yeah, yeah, yeah,

             E
It won't be long, yeah, yeah, yeah,

             C♯m
It won't be long, yeah,

     A   **A7(♭9)** **E**
Till I belong to you.

Bridge 2

          E   **D♯aug**
Since you left me I'm so alone,

          D6   **C♯7**
Now you're coming, you're coming on home,

A   **B**
I'll be good like I know I should,

           F♯m   **B**
You're coming home, you're coming home.

Verse 3

       E   **C**   **E**
So,   every day we'll be happy I know,

           C   **E**
Now I know that you won't leave me no more.

Chorus 4

             C♯m
It won't be long, yeah, yeah, yeah,

             E
It won't be long, yeah, yeah, yeah,

             C♯m
It won't be long, yeah,

     A   **N.C.**   **G6** **F♯7** **Fmaj7** **Emaj7**
Till I belong to you. _____

All My Loving

Words & Music by
John Lennon & Paul McCartney

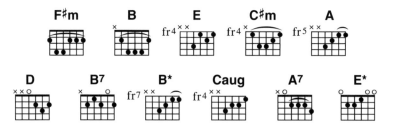

Verse 1

   N.C.   F#m   B
Close your eyes and I'll kiss you,

       E   C#m
Tomorrow I'll miss you,

    A   F#m   D   B7
Remember, I'll always be true.

        F#m   B
And then while I'm away

       E   C#m
I'll write home every day,

      A   B*   E
And I'll send all my loving to you.

Verse 2

   N.C. F#m   B
I'll pretend that I'm kissing

      E   C#m
The lips I am missing

     A   F#m   D   B7
And hope that my dreams will come true.

        F#m   B
And then while I'm away

       E   C#m
I'll write home every day,

      A   B   E
And I'll send all my loving to you.

Chorus 1

      C#m Caug   E
All my loving I will send to you,

      C#m Caug   E
All my loving, darling I'll be true.

Solo | A7 | A7 | E* | E* |

| B7 | B7 | E* | E* ||

Verse 3

    N.C.   F♯m   B
Close your eyes and I'll kiss you,

     E   C♯m
Tomorrow I'll miss you,

     A   F♯m   D   B7
Remember, I'll always be true.

        F♯m   B
And then while I'm away

        E   C♯m
I'll write home every day,

        A   B   E
And I'll send all my loving to you.

Chorus 2

        C♯m   Caug   E
All my loving I will send to you,

        C♯m   Caug   E
All my loving, darling I'll be true.

        C♯m
All my loving,

        E
All my loving oo-ooh,

        C♯m
All my loving

          E*
I will send to you.

I Want To Hold Your Hand

Words & Music by
John Lennon & Paul McCartney

Intro   C D | D   C D | D   C D | D | D   ‖

Verse 1

(D)   G   D
Oh yeah, I'll tell you something,

Em   B7
   I think you'll understand.

     G   D
When I say that something,

Em   B7
   I wanna hold your hand.

Chorus 1

C*   D*   G*   Em
   I wanna hold your hand, ____

C*   D*   G
   I wanna hold your hand.

Verse 2

     G   D
Oh please say to me

Em   B7
   You'll let me be your man.

     G   D
And please say to me

Em   B7
   You'll let me hold your hand.

Chorus 2

C*   D*   G*   Em
   Now let me hold your hand, ____

C*   D*   G
   I wanna hold your hand.

Middle 1

Dm   G
And when I touch you

      C   Am
I feel happy inside.

Dm   G
  It's such a feeling

        C   D
That my love I can't hide,

C   D   C   D
I can't hide, I can't hide.

Verse 3

        G   D
Yeah, you got that something,

Em   B7
  I think you'll understand.

      G   D
When I say that something,

Em   B7
  I wanna hold your hand.

Chorus 3

C*   D*   G*   Em
  I wanna hold your hand, ____

C*   D*   G
  I wanna hold your hand.

Middle 2   As Middle 1

Verse 4

        G   D
Yeah, you got that something,

Em   B7
  I think you'll understand.

      G   D
When I feel that something,

Em   B7
  I wanna hold your hand.

Chorus 4

C*   D*   G*   Em
  I wanna hold your hand, ____

C*   D*   B7
  I wanna hold your hand,

C*   D*   C*   G*
  I wanna hold your hand.

Can't Buy Me Love

Words & Music by
John Lennon & Paul McCartney

Em	Am	Dm	G13	C7	F7	G7

Intro

                  Em   Am   Em   Am
Can't buy me love, ___ love, ___
             Dm   G13
Can't buy me love. ___

Verse 1

     C7
I'll buy you a diamond ring my friend,

If it makes you feel alright.
    F7
I'll get you anything my friend,
    C7
If it makes you feel alright.
      G7   **F7   N.C.**
'Cos I don't care too   much for money,
      F7   **C7**
(For) money can't buy me love.

Verse 2

     C7
I'll give you all I've got to give,

If you say you love me too.
   F7
I may not have a lot to give,
         C7
But what I've got I'll give to you.
G7   **F7   N.C.**
I don't care too   much for money.
     F7   **C7**
(For) money can't buy me love.

Chorus 1

                Em   **Am**
Can't buy me love, ____

C7
Everybody tells me so.

                Em   **Am**
Can't buy me love, ____

Dm   **G13**
No, no, no, no.

Verse 3

C7
Say you don't need no diamond rings

And I'll be satisfied.

F7
Tell me that you want the kind of things

       C7
That money just can't buy.

G7   **F7** **N.C.**
I don't care too   much for money.

       F7   **C7**
(For) money can't buy me love.

Solo

C7	**C7**	**C7**	**C7**
F7	**F7**	**C7**	**C7**
G7	**F7**	**C7**	**C7**

Chorus 2   As Chorus 1

Verse 4   As Verse 3

Outro

              Em **Am** **Em** **Am**
Can't buy me love, ____ love, ____

              Dm   **G13**
Can't buy me love ____

C7
Oh.

A Hard Day's Night

Words & Music by
John Lennon & Paul McCartney

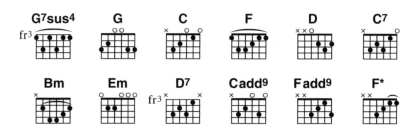

Verse 1

    G7sus4   **G** **C** **G**
It's been a hard day's night,

                F   **G**
And I've been working like a dog.

        G **C** **G**
It's been a hard day's night,

           F   **G**
I should be sleeping like a log.

           C
But when I get home to you,

         D
I find the things that you do,

        G **C7** **G**
Will make me feel al - right.

Verse 2

         G   **C G**
You know I work all day,

          F   **G**
To get you money to buy you things.

        G   **C**   **G**
And it's worth it just to hear you say,

           F   **G**
You're gonna give me everything.

         C
So why on earth should I moan,

           D
'Cause when I get you alone,

        G **C7** **G**
You know I feel O. K.

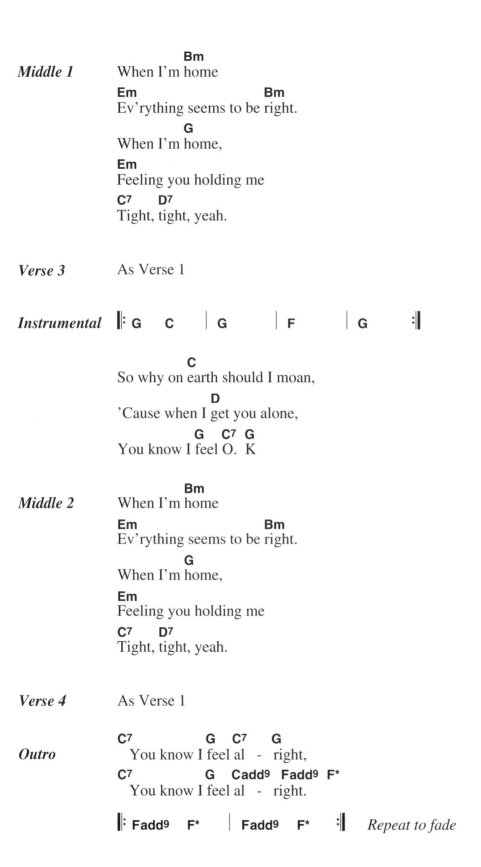

Middle 1

           Bm
When I'm home

Em   **Bm**
Ev'rything seems to be right.

           G
When I'm home,

Em
Feeling you holding me

C⁷   **D⁷**
Tight, tight, yeah.

Verse 3   As Verse 1

Instrumental ‖: G   C | G | F | G   :‖

            C
So why on earth should I moan,

          D
'Cause when I get you alone,

          G **C⁷** **G**
You know I feel O. K

Middle 2

           Bm
When I'm home

Em   **Bm**
Ev'rything seems to be right.

           G
When I'm home,

Em
Feeling you holding me

C⁷   **D⁷**
Tight, tight, yeah.

Verse 4   As Verse 1

Outro

C⁷   **G** **C⁷**   **G**
  You know I feel al - right,

C⁷   **G** **Cadd⁹** **Fadd⁹** **F***
  You know I feel al - right.

  ‖: **Fadd⁹**   **F*** | **Fadd⁹**   **F*** :‖ *Repeat to fade*

Any Time At All

Words & Music by
John Lennon & Paul McCartney

Bm   D   A   G   Dsus4

Dsus2   F♯m/C♯   Gm/B♭   D/A   A7

Chorus 1

  N.C.   Bm   D
Any time at all,

          A
Any time at all,

          Bm
Any time at all,

                      G
All you've got to do is call

          A   Dsus4 D Dsus2 D
And I'll be there.

Verse 1

  D   F♯m/C♯
   If you need somebody to love,

  Bm   Gm/B♭
   Just look into my eyes,

  D/A   A   D
I'll be there to make you feel right.

Verse 2

                    F♯m/C♯
If you're feeling sorry and sad,

  Bm   Gm/B♭
   I'd really sympathise.

  D/A   A   Dsus4 D Dsus2 D
Don't you be sad, just call me tonight.

Chorus 2   As Chorus 1

Verse 3

```
D                  F♯m/C♯
   If the sun has faded away,
Bm                    Gm/B♭
   I'll try to make it shine.
D/A              A       D
   There is nothing I won't do.
```

Verse 4

```
                   F♯m/C♯
When you need a shoulder to cry on,
Bm                Gm/B♭
   I hope it will be mine.
D/A              A          Dsus4 D  Dsus2  D
Call me tonight, and I'll come to you.
```

Chorus 3   As Chorus 1

Solo

| A | A7 | A | A7 | G | A | |

| G | A | Dsus4 D Dsus2 | D | ||

Chorus 4

```
N.C.       Bm   D
Any time at all,
           A
Any time at all,
           Bm
Any time at all,
                   G
All you've got to do is call
       A     Dsus4  D  Dsus2  D
And I'll be there.
           G
Any time at all,
                   A
All you've got to do is call
           Dsus4  D  Dsus2  D
And I'll be there.
```

You Can't Do That

Words & Music by
John Lennon & Paul McCartney

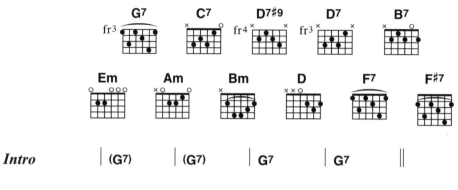

Intro | (G7) | (G7) | G7 | G7 ||

Verse 1

G7
I got something to say that might cause you pain,

If I catch you talking to that boy again,

C7
I'm gonna let you down

G7
And leave you flat.

D7#9
Because I told you before,

C7   G7   D7
Oh, you can't do that.

Verse 2

G7
Well, it's the second time I've caught you talking to him,

Do I have to tell you one more time, I think it's a sin.

C7
I think I'll let you down, (let you down,)

G7
And leave you flat.

(Gonna let you down and leave you flat.)

D7#9
Because I've told you before,

C7   G7
Oh, you can't do that.

Bridge 1

                B7   **Em**
Everybody's green _____

        Am   **Bm**   **G7**
'Cause I'm the one who won your love.

          B7   **Em**
But if they'd seen _____

        Am
You talking that way,

       Bm   **D**
They'd laugh in my face.

Verse 3

         G7
So please listen to me if you wanna stay mine,

I can't help my feelings, I'll go out of my mind,

        C7
I'm gonna let you down, (let you down,)

            G7
And leave you flat.

(Gonna let you down and leave you flat.)

            D7♯9
Because I've told you before,

C7   **G7**   **D7**
Oh, you can't do that.

Solo

| G7 | G7 | G7 | G7 | C7 | C7 | |
| G7 | G7 | D7 | C7 | G7 | G7 | ‖

Bridge 2   As Bridge 1

Verse 4

         G7
So please listen to me if you wanna stay mine,

I can't help my feelings, I'll go out of my mind,

        C7
I'm gonna let you down, (let you down,)

            G7
And leave you flat.

(Gonna let you down and leave you flat.)

            D7♯9
Because I've told you before,

C7   **G7**   **F7** **F♯7** **G7**
Oh, you can't do that.

I Feel Fine

Words & Music by
John Lennon & Paul McCartney

D7   C7   G7   G   Bm   C   Am

Intro

| (D7) | (D7) | (C7) | (C7) |

Feedback

| (G7) | (G7) | (G7) | (G7) ||

Verse 1

G7
Baby's good to me, you know,

She's happy as can be, you know
    D7
She said so.
        C7   G7
I'm in love with her and I feel fine.

Verse 2

G7
Baby says she's mine, you know,

She tells me all the time, you know
    D7
She said so.
        C7   G7
I'm in love with her and I feel fine.

Bridge 1

G   Bm
I'm so glad
     C   D7
That she's my little girl,
G   Bm
She's so glad,
      Am   D7
She's telling all the world;

Verse 3

G7
That her baby buys her things, you know,

He buys her diamond rings, you know
    D7
She said so.
              C7   G7
She's in love with me and I feel fine.

Solo

| G7 | G7 | G7 | G7 | D7 | D7 ‖

| (D7) | (D7) | (C7) | (C7) |

| (G7) | (G7) | (G7) | (G7) ‖

Verse 4

G7
Baby says she's mine, you know,

She tells me all the time, you know
    D7
She said so.
            C7   G7
I'm in love with her and I feel fine.

Bridge 2

G   Bm
I'm so glad
     C   D7
That she's my little girl,
G   Bm
She's so glad,
      Am   D7
She's telling all the world;

Verse 5

G7
That her baby buys her things, you know,

He buys her diamond rings, you know
    D7
She said so.
            C7   G7
She's in love with me and I feel fine.

Coda

D7   C7   G7
She's in love with me and I feel fine.

‖: (G7) | (G7) | (G7) | (G7) :‖ *Repeat to fade*

Eight Days A Week

Words & Music by
John Lennon & Paul McCartney

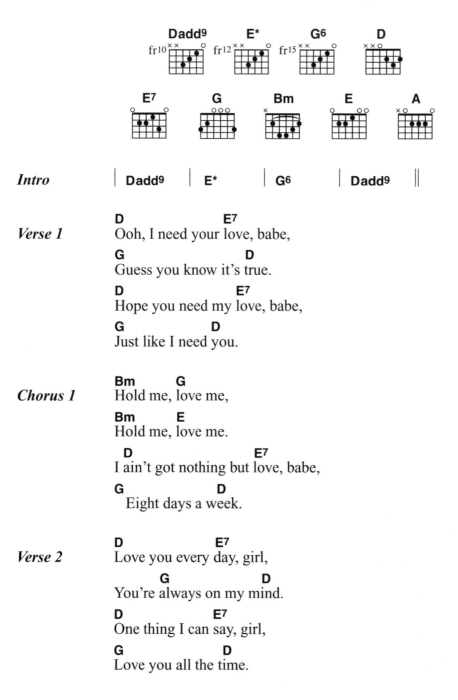

Intro | Dadd⁹ | E* | G⁶ | Dadd⁹ ||

Verse 1

D   E⁷
Ooh, I need your love, babe,

G   D
Guess you know it's true.

D   E⁷
Hope you need my love, babe,

G   D
Just like I need you.

Chorus 1

Bm   G
Hold me, love me,

Bm   E
Hold me, love me.

 D   E⁷
I ain't got nothing but love, babe,

G   D
  Eight days a week.

Verse 2

D   E⁷
Love you every day, girl,

       G   D
You're always on my mind.

D   E⁷
One thing I can say, girl,

G   D
Love you all the time.

Chorus 2

Bm   G
Hold me, love me,

Bm   E
Hold me, love me.

   D   E7
I ain't got nothing but love, girl,

G   D
  Eight days a week.

Middle 1

    A
Eight days a week,

   Bm N.C.
I love ____ you.

E
Eight days a week

   G   A
Is not enough to show I care.

Verse 3   As Verse 1

Chorus 3   As Chorus 1

Middle 2   As Middle 1

Verse 4   As Verse 2

Chorus 4

Bm   G
Hold me, love me,

Bm   E
Hold me, love me,

   D   E7
I ain't got nothing but love, girl,

G   D
  Eight days a week.

G   D
  Eight days a week.

G   D
  Eight days a week.

Outro | Dadd9 | E* | G6 | Dadd9 ||

Ticket To Ride

Words & Music by
John Lennon & Paul McCartney

A   Bm   E   F#m   D7   Gmaj7   E7

Intro | A | A | A | A ||

Verse 1

    A
I think I'm gonna be sad, I think it's today, yeah!
                                                  Bm   **E**
The girl that's driving me mad is going away.
F#m   **D7**
She's got a ticket to ride,
F#m   **Gmaj7**
She's got a ticket to ride,
F#m   **E**   **A**
She's got a ticket to ride, and she don't care.

Verse 2

        A
She said that living with me was bringing her down, yeah!
                                        Bm   **E**
She would never be free when I was around.
F#m   **D7**
She's got a ticket to ride,
F#m   **Gmaj7**
She's got a ticket to ride,
F#m   **E**   **A**
She's got a ticket to ride, and she don't care.

Bridge 1

    D7
I don't know why she's riding so high.

She ought to think twice,
                            E   **E7**
She ought to do right by me.
    D7
Before she gets to saying goodbye,

She ought to think twice,
                            E
She ought to do right by me.

Verse 3

     A
I think I'm gonna be sad, I think it's today, yeah!
                                         Bm   **E**
The girl that's driving me mad is going away, yeah!
      F♯m   **D⁷**
Ah, she's got a ticket to ride,
F♯m   **Gmaj⁷**
She's got a ticket to ride,
F♯m   **E**   **A**
She's got a ticket to ride, and she don't care.

Bridge 2

     D⁷
I don't know why she's riding so high.

She ought to think twice,
                     E   **E⁷**
She ought to do right by me.
     D⁷
Before she gets to saying goodbye,

She ought to think twice,
                   E
She ought to do right by me.

Verse 4

     A
She said that living with me was bringing her down, yeah!
                                Bm   **E**
She would never be free when I was around.
F♯m   **D⁷**
She's got a ticket to ride,
F♯m   **Gmaj⁷**
She's got a ticket to ride,
F♯m   **E**   **A** **N.C.**
She's got a ticket to ride, and she don't care.

    A
‖: My baby don't care. :‖ *Repeat to fade*

Help!

Words & Music by
John Lennon & Paul McCartney

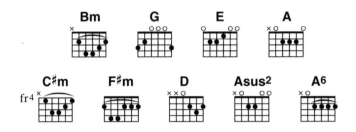

Intro

Bm
Help! I need somebody.

G
Help! Not just anybody.

E
Help! You know I need someone.

A
Help!

Verse 1

    A   **C♯m**
  When I was younger, so much younger than today,

F♯m   **D**   **G**   **A**
  I never needed anybody's help in any way.

A   **C♯m**
  But now those days are gone I'm not so self assured,

F♯m   **D**   **G**   **A**
  Now I find I've changed my mind, and opened up the doors.

Chorus 1

Bm
Help me if you can I'm feeling down,

      G
And I do appreciate you being 'round,

E
Help me get my feet back on the ground,

           A | **A** **Asus²** | **A** **Asus²** **A** ‖
Won't you please, please help me?

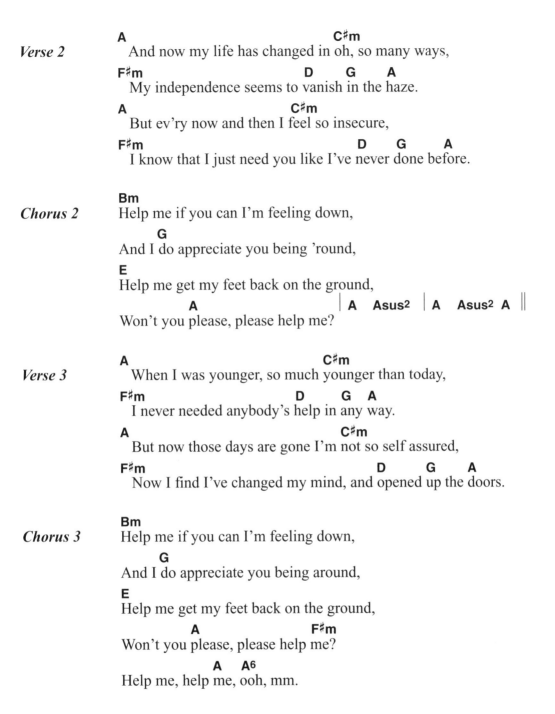

Verse 2

    A   **C♯m**
And now my life has changed in oh, so many ways,

F♯m   **D**   **G**   **A**
My independence seems to vanish in the haze.

A   **C♯m**
But ev'ry now and then I feel so insecure,

F♯m   **D**   **G**   **A**
I know that I just need you like I've never done before.

Chorus 2

Bm
Help me if you can I'm feeling down,

        G
And I do appreciate you being 'round,

E
Help me get my feet back on the ground,

          A | **A** **Asus2** | **A** **Asus2** **A** ‖
Won't you please, please help me?

Verse 3

    A   **C♯m**
When I was younger, so much younger than today,

F♯m   **D**   **G**   **A**
I never needed anybody's help in any way.

A   **C♯m**
But now those days are gone I'm not so self assured,

F♯m   **D**   **G**   **A**
Now I find I've changed my mind, and opened up the doors.

Chorus 3

Bm
Help me if you can I'm feeling down,

        G
And I do appreciate you being around,

E
Help me get my feet back on the ground,

          A   **F♯m**
Won't you please, please help me?

          A   **A6**
Help me, help me, ooh, mm.

Day Tripper

Words & Music by
John Lennon & Paul McCartney

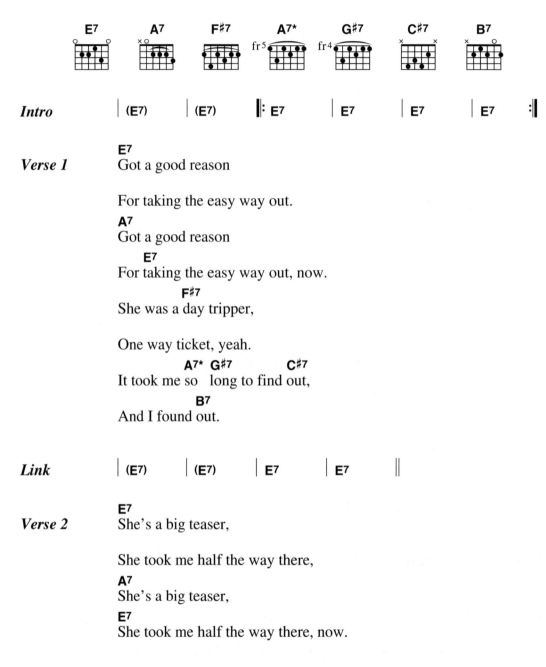

E7	A7	F♯7	A7*	G♯7	C♯7	B7

Intro | (E7) | (E7) |: E7 | E7 | E7 | E7 :|

Verse 1
E7
Got a good reason

For taking the easy way out.
A7
Got a good reason
    E7
For taking the easy way out, now.
       F♯7
She was a day tripper,

One way ticket, yeah.
      A7* G♯7   C♯7
It took me so   long to find out,
       B7
And I found out.

Link | (E7) | (E7) | E7 | E7 ‖

Verse 2
E7
She's a big teaser,

She took me half the way there,
A7
She's a big teaser,
E7
She took me half the way there, now.

© Copyright 1965 Northern Songs.
All Rights Reserved. International Copyright Secured.

36

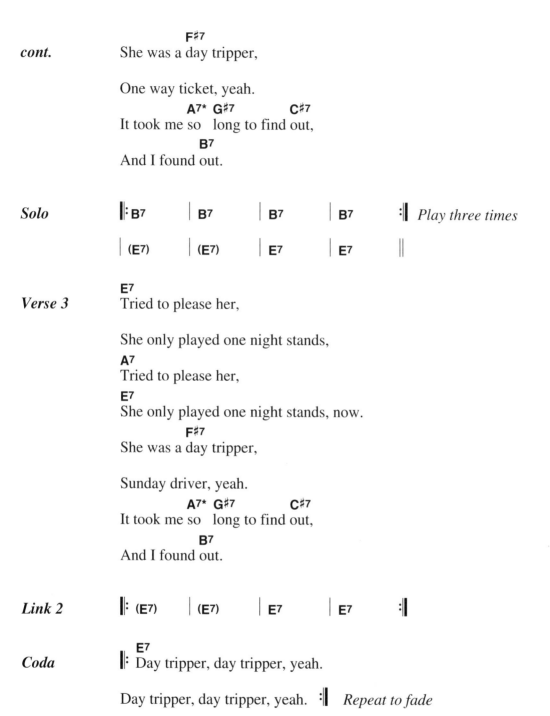

cont.

         F♯7
She was a day tripper,

One way ticket, yeah.
        A7* G♯7   **C♯7**
It took me so   long to find out,
         B7
And I found out.

Solo   ‖: **B7** | **B7** | **B7** | **B7**   :‖ *Play three times*

       | **(E7)** | **(E7)** | **E7** | **E7**   ‖

Verse 3

E7
Tried to please her,

She only played one night stands,
A7
Tried to please her,
E7
She only played one night stands, now.
       F♯7
She was a day tripper,

Sunday driver, yeah.
        A7* G♯7   **C♯7**
It took me so   long to find out,
         B7
And I found out.

Link 2   ‖: **(E7)** | **(E7)** | **E7** | **E7**   :‖

Coda   ‖: **E7**
Day tripper, day tripper, yeah.

Day tripper, day tripper, yeah. :‖ *Repeat to fade*

Drive My Car

Words & Music by
John Lennon & Paul McCartney

D7 G7 A7aug Bm E A D G

Intro | (D7) | (D7) ||

Verse 1
D7   G7
  Asked a girl what she wanted to be,
D7   G7
  She said, baby, can't you see?
D7   G7
  I wanna be famous, a star of the screen,
    A7aug
But you can do something in between.

Chorus 1
Bm   G7 Bm   G7
Baby, you can drive my car, yes I'm gonna be a star,
Bm   E   A   D   G   A
Baby, you can drive my car, and maybe I'll love you.

Verse 2
D7   G7
  I told that girl that my prospects were good,
D7   G7
  She said, baby, it's understood.
D7   G7
  Working for peanuts is all very fine,
    A7aug
But I can show you a better time.

Chorus 2
Bm   G7 Bm   G7
Baby, you can drive my car, yes I'm gonna be a star,
Bm   E   A   D   G
Baby, you can drive my car, and maybe I'll love you.
A N.C.
  Beep beep mm beep beep, yeah!

Solo		D7		G7		D7		G7		

	D7		G7		A		A	‖

Chorus 3

Bm   G7 Bm   G7
Baby, you can drive my car, yes I'm gonna be a star,
Bm   E   A   D   G A
Baby, you can drive my car, and maybe I'll love you.

Verse 3

D7   G7
   I told that girl I could start right away,
D7   G7
   And she said, listen, babe, I've got something to say,
D7   G7
   I've got no car, and it's breaking my heart,
      A7aug
But I've found a driver, and that's a start.

Chorus 4

Bm   G7 Bm   G7
Baby, you can drive my car, yes I'm gonna be a star,
Bm   E   A   D   G
Baby, you can drive my car, and maybe I'll love you.
A N.C.   D   G
   Beep beep mm beep beep, yeah!
‖: A   D   G
   Beep beep mm beep beep, yeah!   :‖ *Repeat to fade*

The Word

Words & Music by
John Lennon & Paul McCartney

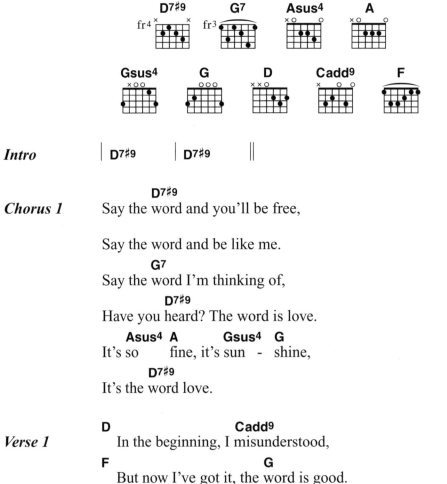

Intro | D7♯9 | D7♯9 ‖

Chorus 1

D7♯9
Say the word and you'll be free,

Say the word and be like me.

G7
Say the word I'm thinking of,

D7♯9
Have you heard? The word is love.

Asus4 A   Gsus4 G
It's so   fine, it's sun - shine,

D7♯9
It's the word love.

Verse 1

D   Cadd9
In the beginning, I misunderstood,

F   G
But now I've got it, the word is good.

Chorus 2

D7♯9
Spread the word and you'll be free,

Spread the word and be like me.

G7
Spread the word I'm thinking of,

D7♯9
Have you heard? The word is love.

Asus4 A   Gsus4 G
It's so   fine, it's sun - shine,

D7♯9
It's the word love.

Verse 2

    D   **Cadd⁹**
Everywhere I go I hear it said,

    F   **G**
In the good and the bad books that I have read.

Chorus 3   As Chorus 1

Verse 3

    D   **Cadd⁹**
Now that I know what I feel must be right,

    F   **G**
I'm here to show everybody the light.

Chorus 4

    D7♯9
Give the word a chance to say,

That the word is just the way.

    G7
It's the word I'm thinking of,

    D7♯9
And the only word is love.

    Asus⁴ A   **Gsus⁴ G**
It's so   fine, it's sun - shine,

    D7♯9
It's the word love.

Solo | **D** | **Cadd⁹** | **F** | **G** | **D7♯9** | **D7♯9** ‖

Coda

    D7♯9
Say the word love,

    G7
Say the word love,

    D7♯9
Say the word love,

    Asus⁴ A Gsus⁴ G **D7♯9**
Say the word _____ love.

| **D** | **Cadd⁹** | **F** | *Fade out*

41

Nowhere Man

Words & Music by
John Lennon & Paul McCartney

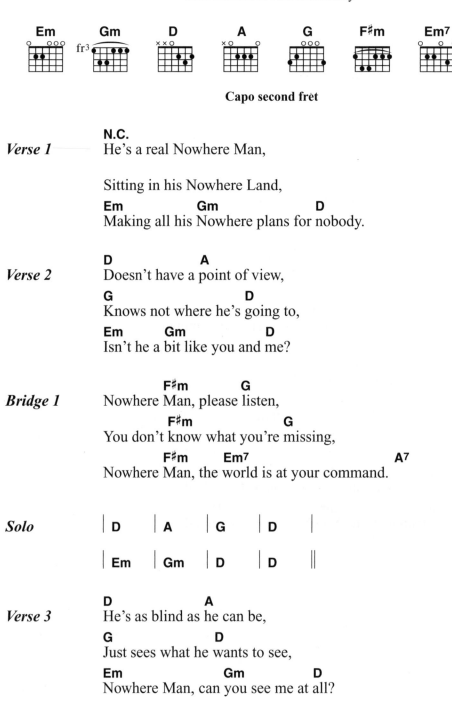

Capo second fret

Verse 1

    N.C.
He's a real Nowhere Man,

Sitting in his Nowhere Land,
Em   **Gm**   **D**
Making all his Nowhere plans for nobody.

Verse 2

    D   **A**
Doesn't have a point of view,
G   **D**
Knows not where he's going to,
Em   **Gm**   **D**
Isn't he a bit like you and me?

Bridge 1

        F♯m   **G**
Nowhere Man, please listen,
      F♯m   **G**
You don't know what you're missing,
      F♯m   **Em7**   **A7**
Nowhere Man, the world is at your command.

Solo

| D | A | G | D | |

| Em | Gm | D | D | ‖

Verse 3

D   **A**
He's as blind as he can be,
G   **D**
Just sees what he wants to see,
Em   **Gm**   **D**
Nowhere Man, can you see me at all?

<table>
<tr><td>Bridge 2</td><td>

        F♯m   **G**
Nowhere Man, don't worry,

         F♯m   **G**
Take your time, don't hurry,

       F♯m   **Em⁷**   **A⁷**
Leave it all till somebody else lends you a hand.
</td></tr>
</table>

Bridge 2

        F♯m   **G**
Nowhere Man, don't worry,

         F♯m   **G**
Take your time, don't hurry,

       F♯m   **Em⁷**   **A⁷**
Leave it all till somebody else lends you a hand.

Verse 4

  D   **A**
Doesn't have a point of view,

  G   **D**
Knows not where he's going to,

  Em   **Gm**   **D**
Isn't he a bit like you and me?

Bridge 3

        F♯m   **G**
Nowhere Man, please listen,

         F♯m   **G**
You don't know what you're missing,

       F♯m   **Em⁷**   **A⁷**
Nowhere Man, the world is at your command.

Verse 5

  D   **A**
He's a real Nowhere Man,

  G   **D**
Sitting in his Nowhere Land,

  Em   **Gm**   **D**
Making all his Nowhere plans for nobody.

  Em   **Gm**   **D**
Making all his Nowhere plans for nobody.

  Em   **Gm**   **D**
Making all his Nowhere plans for nobody.

In My Life

Words & Music by
John Lennon & Paul McCartney

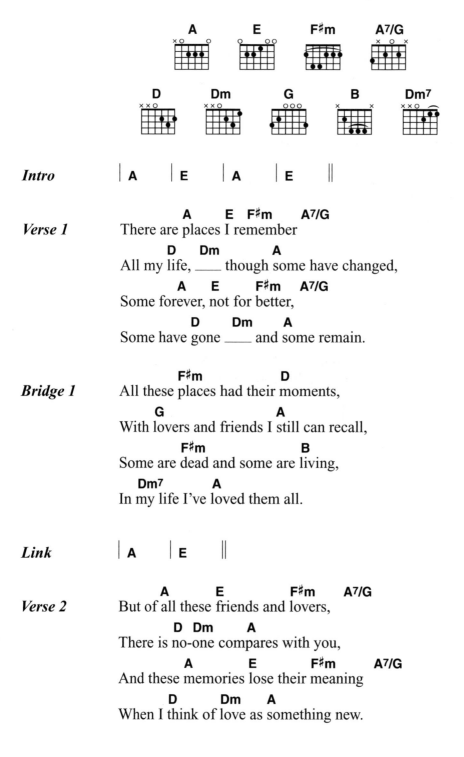

Intro | A | E | A | E   ‖

Verse 1

             A   E F♯m   A7/G
There are places I remember
       D   Dm   A
All my life, ____ though some have changed,
          A   E   F♯m   A7/G
Some forever, not for better,
           A   Dm   A
Some have gone ____ and some remain.

Bridge 1

           F♯m   D
All these places had their moments,
     G   A
With lovers and friends I still can recall,
        F♯m   B
Some are dead and some are living,
    Dm7   A
In my life I've loved them all.

Link | A | E   ‖

Verse 2

         A   E   F♯m   A7/G
But of all these friends and lovers,
         D Dm   A
There is no-one compares with you,
         A   E   F♯m   A7/G
And these memories lose their meaning
         D   Dm   A
When I think of love as something new.

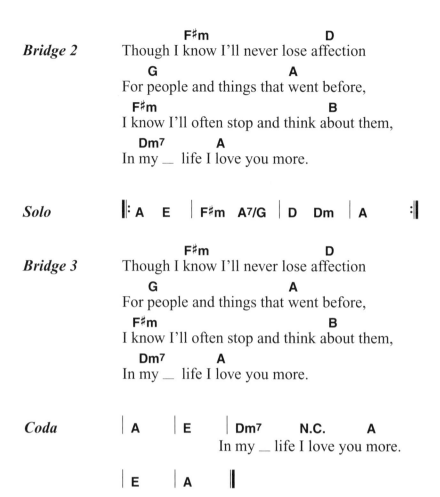

Bridge 2

        F♯m   D
Though I know I'll never lose affection
      G   A
For people and things that went before,
  F♯m   B
I know I'll often stop and think about them,
   Dm7   A
In my ＿ life I love you more.

Solo　　‖: A   E | F♯m A7/G | D Dm | A   :‖

Bridge 3

        F♯m   D
Though I know I'll never lose affection
      G   A
For people and things that went before,
  F♯m   B
I know I'll often stop and think about them,
   Dm7   A
In my ＿ life I love you more.

Coda　　| A | E | Dm7   N.C.   A
                       In my ＿ life I love you more.

     | E | A   ‖

Wait

Words & Music by
John Lennon & Paul McCartney

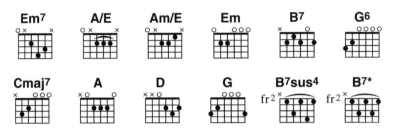

Capo second fret

Verse 1

          Em⁷ A/E
It's been a long time,

Am/E Em B⁷   **Em**
Now I'm coming back home,

        Em⁷ A/E
I've been away   now,

Am/E Em B⁷   **Em**
Oh,   how I've been alone.

Chorus 1

G⁶ **Cmaj⁷ G⁶**   **Cmaj⁷ G⁶ Cmaj⁷**
Wait till I come back to your side,

       G⁶ **B⁷**   **Em**
We'll forget the tears we cried.

Verse 2

          Em⁷ A/E
But if your heart breaks,

Am/E Em B⁷   **Em**
Don't wait, turn me away,

        Em⁷   **A/E**
And if your heart's strong,

Am/E Em B⁷   **Em**
Hold   on, I won't delay.

Chorus 2

G⁶ **Cmaj⁷ G⁶**   **Cmaj⁷ G⁶ Cmaj⁷**
Wait till I come back to your side,

       G⁶ **B⁷**   **Em**
We'll forget the tears we cried.

Bridge 1

     A   **D**
I feel as though you ought to know

               G   **Em**
That I've been good, as good as I can be.

      A   **D**
And if you do, I'll trust in you,

       G   **B⁷sus⁴** **B⁷***
And know that you will wait for me.

Verse 3

 N.C.   **Em⁷ A/E**
It's been a long time,

Am/E Em B⁷   **Em**
Now I'm coming back home,

        Em⁷ **A/E**
I've been away now,

Am/E Em B⁷   **Em**
Oh,   how I've been alone.

Chorus 3

 G⁶   **Cmaj⁷** **G⁶**   **Cmaj⁷** **G⁶** **Cmaj⁷**
Wait till I come back to your side,

           G⁶   **B⁷**   **Em**
We'll forget the tears we cried.

Bridge 2   As Bridge 1

Verse 4

             Em⁷ A/E
But if your heart breaks,

Am/E Em B⁷   **Em**
Don't wait, turn me away,

        Em⁷   **A/E**
And if your heart's strong,

Am/E Em B⁷   **Em**
Hold on, I won't delay.

Chorus 4   As Chorus 3

Verse 5

          Em⁷ A/E
It's been a long time,

Am/E Em B⁷   **Em**
Now I'm coming back home,

       Em⁷ **A/E**
I've been away now,

Am/E Em B⁷   **Em**
Oh,   how I've been alone.

If I Needed Someone

Words & Music by
George Harrison

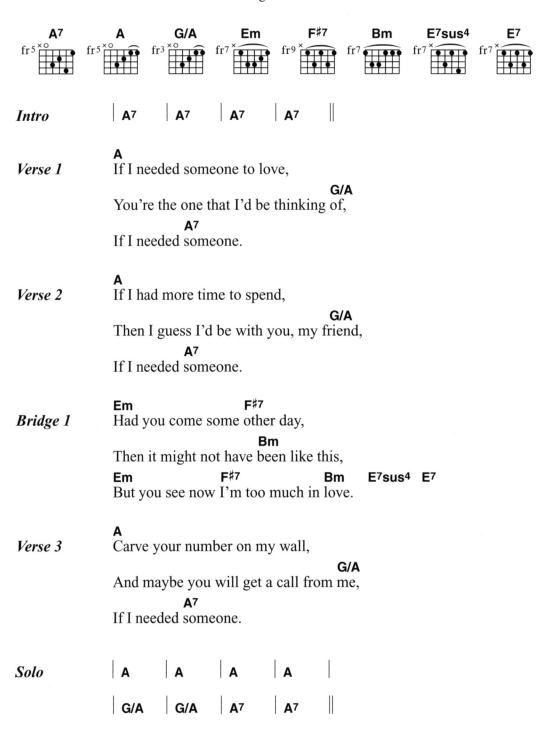

Intro | A⁷ | A⁷ | A⁷ | A⁷ ||

Verse 1
      A
If I needed someone to love,
                                     G/A
You're the one that I'd be thinking of,
              A⁷
If I needed someone.

Verse 2
      A
If I had more time to spend,
                                     G/A
Then I guess I'd be with you, my friend,
              A⁷
If I needed someone.

Bridge 1
Em   **F♯7**
Had you come some other day,
                                 Bm
Then it might not have been like this,
Em   **F♯7**   **Bm**   **E⁷sus⁴   E⁷**
But you see now I'm too much in love.

Verse 3
      A
Carve your number on my wall,
                                  G/A
And maybe you will get a call from me,
              A⁷
If I needed someone.

Solo | A | A | A | A |
           | G/A | G/A | A⁷ | A⁷ ||

48

Verse 4

    A
If I had more time to spend,

                         G/A
Then I guess I'd be with you, my friend,

         A⁷
If I needed someone.

Bridge 2

    Em   **F♯7**
Had you come some other day,

                   Bm
Then it might not have been like this,

    Em   **F♯7**   **Bm**   **E⁷sus⁴** **E⁷**
But you see now I'm too much in love.

Verse 5

    A
Carve your number on my wall,

                        G/A
And maybe you will get a call from me,

         A⁷
If I needed someone.

Coda

    A⁷   **A**
Ah, ———— ah. ————

Run For Your Life

Words & Music by
John Lennon & Paul McCartney

Intro | D | D | D ‖

Verse 1

             D
Well, I'd rather see you dead, little girl,

   Bm
Than to be with another man.

     D
You'd better keep your head, little girl,

   Bm
Or I won't know where I am.

Chorus 1

               Bm   **E**
You'd better run for your life if you can, little girl,

Bm   **E**
Hide your head in the sand, little girl,

Bm   **G**
Catch you with another man,

F♯   **Bm**
That's the end, little girl.

Link | D | D ‖

Verse 2

             D
Well, you know that I'm a wicked guy

     Bm
And I was born with a jealous mind.

    D
And I can't spend my whole life trying

     Bm
Just to make you toe the line.

Chorus 2   As Chorus 1

| *Solo* | | D | | D | | G | | D | | A⁷ | | D | | ‖ |

D
Verse 3 Let this be a sermon,
      Bm
I mean everything I said,
D
Baby, I'm determined,
      Bm
And I'd rather see you dead.

          Bm   **E**
Chorus 3 You'd better run for your life if you can, little girl,
Bm   **E**
Hide your head in the sand, little girl,
Bm   **G**
Catch you with another man,
F♯   **Bm**
That's the end, little girl.

| *Link* | | D | | D | | ‖ |

      D
Verse 4 I'd rather see you dead, little girl,
      Bm
Than to be with another man.
      D
You'd better keep your head, little girl,
      Bm
Or you won't know where I am.

          Bm   **E**
Chorus 4 You'd better run for your life if you can, little girl,
Bm   **E**
Hide your head in the sand, little girl,
Bm   **G**
Catch you with another man,
F♯   **Bm**
That's the end, little girl.

| *Coda* | | D | | D | ‖: D | :‖ | *Repeat to fade* |

                    Na-na na.   Na-na

And Your Bird Can Sing

Words & Music by
John Lennon & Paul McCartney

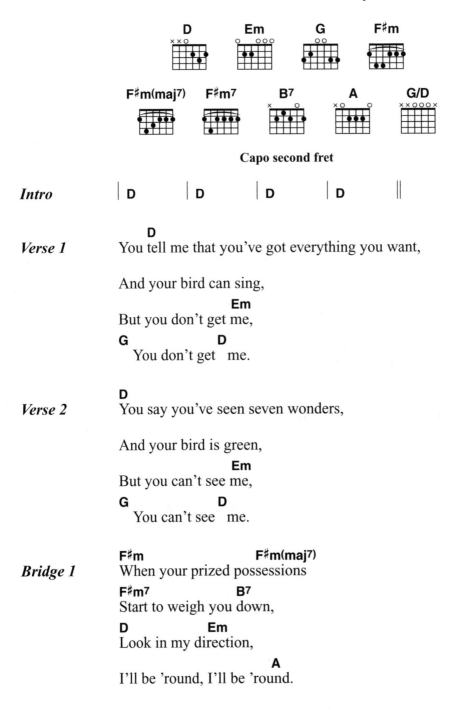

Capo second fret

Intro | D | D | D | D ||

Verse 1
> **D**
> You tell me that you've got everything you want,
>
> And your bird can sing,
> **Em**
> But you don't get me,
> **G**   **D**
>   You don't get   me.

Verse 2
> **D**
> You say you've seen seven wonders,
>
> And your bird is green,
> **Em**
> But you can't see me,
> **G**   **D**
>   You can't see   me.

Bridge 1
> **F♯m**   **F♯m(maj⁷)**
> When your prized possessions
> **F♯m⁷**   **B⁷**
> Start to weigh you down,
> **D**   **Em**
> Look in my direction,
>   **A**
> I'll be 'round, I'll be 'round.

Solo 1 | D | D | D | D |

| Em | G | D | D ‖

               F#m   F#m(maj7)

Bridge 2   When your bird is broken,

               F#m7   B7

    Will it bring you down?

               D   Em

    You may be awoken,

                                 A

    I'll be 'round, I'll be 'round,

                 D

Verse 3   You tell me that you've heard every sound there is,

    And your bird can swing,

                            Em

    But you can't hear me,

    G   D

      You can't hear   me.

Solo 2 | D | D | D | D |

| Em | G | D | D ‖

Coda | D | D | D | G/D ‖

Doctor Robert

Words & Music by
John Lennon & Paul McCartney

A7   Asus4   F#7   E7   B   E/B

Intro | A7 Asus4 | A7 Asus4 | A7 Asus4 | A7 Asus4 ||

Verse 1
A7
Ring my friend, I said you'd call, Doctor Robert.

Day or night, he'll be there any time at all, Doctor Robert.
F#7
Doctor Robert, you're a new and better man,

He helps you to understand,
E7   F#7   B
He does everything he can, Doctor Robert.

Verse 2
A7
If you're down, he'll pick you up, Doctor Robert.

Take a drink from his special cup, Doctor Robert.
F#7
Doctor Robert, he's a man you must believe,

Helping anyone in need,
E7   F#7   B   N.C.
No-one can succeed like Doctor Robert.

Bridge 1
B   E/B   B
Well, well, well, you're feeling fine,
E/B
Well, well, well, he'll make you,
A7
Doctor Robert.

	A⁷
Verse 3	My friend works for the National Health, Doctor Robert.

You'll pay money just to see yourself with Doctor Robert.
      F♯7
Doctor Robert, you're a new and better man,

He helps you to understand,
     E⁷   **F♯7**   **B**   **N.C.**
He does everything he can, Doc Robert.

	B **E/B** **B**
Bridge 2	Well, well, well, you're feeling fine,

                 E/B
Well, well, well, he'll make you,
   A⁷
Doctor Robert.

	A⁷
Coda	Ring my friend, I said you'd call

Doctor Robert.

Ring my friend, I said you'd call

Doc Robert.
   F♯7   **B**
Doctor Robert! *Fade out*

Got To Get You Into My Life

Words & Music by
John Lennon & Paul McCartney

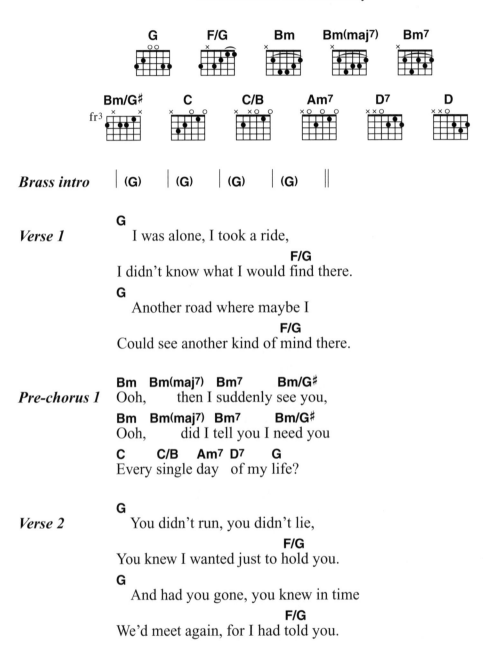

Brass intro | (G) | (G) | (G) | (G) ||

Verse 1

G
   I was alone, I took a ride,
                                                            F/G
I didn't know what I would find there.
G
   Another road where maybe I
                                                           F/G
Could see another kind of mind there.

Pre-chorus 1

Bm Bm(maj7) Bm7   **Bm/G♯**
Ooh,   then I suddenly see you,
Bm Bm(maj7) Bm7   **Bm/G♯**
Ooh,   did I tell you I need you
C   **C/B** **Am7 D7**   **G**
Every single day   of my life?

Verse 2

G
   You didn't run, you didn't lie,
                                                          F/G
You knew I wanted just to hold you.
G
   And had you gone, you knew in time
                                                          F/G
We'd meet again, for I had told you.

Pre-chorus 2

Bm Bm(maj7) Bm7   Bm/G#
Ooh,   you were meant to be near me,

Bm Bm(maj7) Bm7   Bm/G#
Ooh,   and I want you to hear me

C   C/B Am7 D7   G
Say we'll be to-gether every day.

Chorus 1

G   C   D N.C.
Got to get you into my life!

| G | G | ||

Verse 3

G
   What can I do, what can I be?

                   F/G
When I'm with you, I want to stay there.

G
   If I am true I'll never leave,

               F/G
And if I do, I know the way there.

Pre-chorus 3

Bm Bm(maj7) Bm7   Bm/G#
Ooh,   then I suddenly see you,

Bm Bm(maj7) Bm7   Bm/G#
Ooh,   did I tell you I need you

C   C/B   Am7 D7   G
Every single day   of my life?

Chorus 2

G   C   D N.C.
Got to get you into my life!

| G | G | G F/G | C G |

     G   C   D N.C.
I've got to get you into my life!

Coda (ad lib.)

G
I was alone, I took a ride, I didn't know what I would find there.

Another road where maybe I could see another kind of mind there.

Then suddenly I see you, did I tell you I need you

Every single day...

‖: G   F/G :‖ *repeat to fade*

Here, There And Everywhere

Words & Music by
John Lennon & Paul McCartney

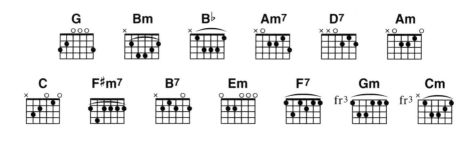

Intro

    G   Bm
To lead a better life,

B♭   Am7 D7
I need my love to be here.

Verse 1

G   Am
Here,

Bm   C   G   Am
Making each day of the year,

Bm   C   F♯m7   B7
Changing my life with a wave of her hand,

F♯m7   B7   Em   Am   Am7 D7
Nobody can deny that there's something there.

Verse 2

G   Am
There,

Bm   C   G   Am
Running my hands through her hair,

Bm   C   F♯m7   B7
Both of us thinking how good it can be,

F♯m7   B7   Em   Am   Am7 D7
Someone is speaking, but she doesn't know he's there.

Bridge 1

  F7   B♭   Gm
I want her everywhere,

        Cm   D7   Gm
And if she's beside me, I know I need never care,

Cm   D7
But to love her is to need her...

Verse 3

G   Am
Everywhere.

Bm   C   G   Am
Knowing that love is to share,

Bm   C   F♯m⁷   B⁷
Each one believing that love never dies,

F♯m⁷   B⁷   Em   Am   Am⁷   D⁷
Watching their eyes and hoping I'm always there.

Bridge 2

   F⁷   B♭   Gm
I want her everywhere,

         Cm   D⁷   Gm
And if she's beside me, I know I need never care,

Cm   D⁷
But to love her is to need her

Verse 4

G   Am
Everywhere.

Bm   C   G   Am
Knowing that love is to share,

Bm   C   F♯m⁷   B⁷
Each one believing that love never dies,

F♯m⁷   B⁷   Em   Am   Am⁷   D⁷
Watching their eyes and hoping I'm always there.

Coda

             G   Am
I will be there

         Bm   C
And everywhere,

G   Am   Bm   C   G
Here, there and everywhere. ____

Paperback Writer

Words & Music by
John Lennon & Paul McCartney

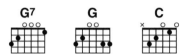

Intro

N.C.
Paperback writer, paperback writer.

Link

| G⁷ | G⁷ | G⁷ | G⁷ ‖

Verse 1

G
Dear Sir or Madam, will you read my book,

It took me years to write, will you take a look?

It's based on a novel by a man named Lear,

And I need a job,

                         C
So I want to be a paperback writer,

            G   G⁷
Paperback writer. _____

Verse 2

G
It's a dirty story of a dirty man,

And his clinging wife doesn't understand.

His son is working for the *Daily Mail,*

It's a steady job,

                         C
But he wants to be a paperback writer,

           G   G⁷
Paperback writer. _____

N.C.
Paperback writer, paperback writer.

Link 1 | G⁷ | G⁷ | G⁷ | G⁷ ‖

Verse 3
            G
It's a thousand pages, give or take a few,

I'll be writing more in a week or two.

I can make it longer if you like the style,

I can change it round,
                                C
And I want to be a paperback writer,
         G   **G⁷**
Paperback writer. _____

Verse 4
            G
If you really like it, you can have the rights,

It could make a million for you overnight,

If you must return it, you can send it here,

But I need a break,
                                C
And I want to be a paperback writer,
         G   **G⁷**
Paperback writer. _____

N.C.
Paperback writer, paperback writer.

Link 2 | G⁷ | G⁷ | G⁷ | G⁷ ‖

Coda
       G
‖: Paperback writer, paperback writer. :‖ *Repeat to fade*

Rain

Words & Music by
John Lennon & Paul McCartney

G   C   D   Cadd9   G5   Gsus2/4

Intro | G | G | G | G N.C. ||

Verse 1

    G
If the rain comes,
    C   D   G
They run and hide their heads.
    C   D   G
They might as well be __ dead,
    Cadd9   G
If the rain comes, if the rain comes.

Verse 2

        G
When the sun shines,
    C   D   G
They slip into the shade,
    C   D G
And sip their lemonade,
    Cadd9   G
When the sun shines, when the sun shines.

Chorus 1

G5   Gsus2/4   G5
Rain, ____ I don't mind.
G5   Gsus2/4   G5
Shine, ____ the weather's fine.

Verse 3

    G
I can show you
    C   D   G
That when it starts to rain,
   C D   G
Everything's the same,
    Cadd9   G
I can show you, I can show you.

Chorus 2

G5   Gsus2/4   G5
Rain, _____ I don't mind.

G5   Gsus2/4   G5
Shine, _____ the weather's fine.

Verse 4

          G
Can you hear me

C   D   G
That when it rains and __ shines,

      C   D   G
It's just a state of mind?

          Cadd9
Can you hear me?

          G   N.C.
Can you hear me?

Coda   ‖: G | G | G | G   :‖ *Repeat ad lib. to fade*

2/08(164886)

3 4 5 6 7 8 9

CD 1 Track Listing

1. **TUNING NOTES**
2. **PLEASE PLEASE ME**
   Lennon / McCartney.
   Universal / Dick James Music Limited.
3. **I SAW HER STANDING THERE**
   Lennon / McCartney.
   Sony / ATV Music Publishing (UK).
4. **TWIST AND SHOUT**
   Medley / Russell.
   Sony / ATV Music Publishing (UK).
5. **FROM ME TO YOU**
   Lennon / McCartney.
   Sony / ATV Music Publishing (UK).
6. **SHE LOVES YOU**
   Lennon / McCartney.
   Sony / ATV Music Publishing (UK).
7. **IT WON'T BE LONG**
   Lennon / McCartney.
   Sony / ATV Music Publishing (UK).
8. **ALL MY LOVING**
   Lennon / McCartney.
   Sony / ATV Music Publishing (UK).
9. **I WANT TO HOLD YOUR HAND**
   Lennon / McCartney.
   Sony / ATV Music Publishing (UK).
10. **CAN'T BUY ME LOVE**
    Lennon / McCartney.
    Sony / ATV Music Publishing (UK).
11. **A HARD DAY'S NIGHT**
    Lennon / McCartney.
    Sony / ATV Music Publishing (UK).
12. **ANY TIME AT ALL**
    Lennon / McCartney.
    Sony / ATV Music Publishing (UK).
13. **YOU CAN'T DO THAT**
    Lennon / McCartney.
    Sony / ATV Music Publishing (UK).
14. **I FEEL FINE**
    Lennon / McCartney.
    Sony / ATV Music Publishing (UK).
15. **EIGHT DAYS A WEEK**
    Lennon / McCartney.
    Sony / ATV Music Publishing (UK).
16. **TICKET TO RIDE**
    Lennon / McCartney.
    Sony / ATV Music Publishing (UK).

CD 2 Track Listing

1. **HELP!**
   Lennon / McCartney.
   Sony / ATV Music Publishing (UK).
2. **DAY TRIPPER**
   Lennon / McCartney.
   Sony / ATV Music Publishing (UK).
3. **DRIVE MY CAR**
   Lennon / McCartney.
   Sony / ATV Music Publishing (UK).
4. **THE WORD**
   Lennon / McCartney.
   Sony / ATV Music Publishing (UK).
5. **NOWHERE MAN**
   Lennon / McCartney.
   Sony / ATV Music Publishing (UK).
6. **IN MY LIFE**
   Lennon / McCartney.
   Sony / ATV Music Publishing (UK).
7. **WAIT**
   Lennon / McCartney.
   Sony / ATV Music Publishing (UK).
8. **IF I NEEDED SOMEONE**
   Harrison.
   Sony / ATV Music Publishing (UK).
9. **RUN FOR YOUR LIFE**
   Lennon / McCartney.
   Sony / ATV Music Publishing (UK).
10. **AND YOUR BIRD CAN SING**
    Lennon / McCartney.
    Sony / ATV Music Publishing (UK).
11. **DOCTOR ROBERT**
    Lennon / McCartney.
    Sony / ATV Music Publishing (UK).
12. **GOT TO GET YOU INTO MY LIFE**
    Lennon / McCartney.
    Sony / ATV Music Publishing (UK).
13. **HERE, THERE AND EVERYWHERE**
    Lennon / McCartney.
    Sony / ATV Music Publishing (UK).
14. **PAPERBACK WRITER**
    Lennon / McCartney.
    Sony / ATV Music Publishing (UK).
15. **RAIN**
    Lennon / McCartney.
    Sony / ATV Music Publishing (UK).

To remove your CD from the plastic sleeve, lift the small lip on the right to break the perforated flap. Replace the disc after use for convenient storage.